LA FEMME, LA PATRIE

PREFACE

Appelé à dire quelques mots de ces quelques pages, après avoir longuement étudié et surtout admiré, je trouve ma tâche facile si je ne veux la remplir qu'à la lettre, car les seuls quelques mots que j'ai à dire de ces quelques pages, qui se présentent si modestement, les voici : C'est une œuvre ! mais si quelqu'un attend de moi que je dise brièvement ce qu'est cette œuvre, je déclare trouver ma tâche impossible.

Dire ce qu'est cela ! Mais donnez-moi les pages blanches pour deux cents volumes et le talent de les remplir ! Surtout qu'on me donne la science historique pour expliquer et apprécier les citations ; la sûreté philosophique pour développer et commenter les idées ; et l'imprévu et l'originalité littéraire pour être à la hauteur de cette petite brochure qui est tout à la fois toute l'humanité historique et philosophique et une production fantaisiste dont les touches sont aussi vives que justes et délicates.

Oui, on voit passer dans des fonds délicieusement teintés toute l'histoire morale et religieuse, depuis les patriarches jusqu'au christianisme, en passant par le judaïsme ; depuis les Gaulois jusqu'à nous, en passant par le catholicisme du Moyen Age, et depuis les mœurs même inconnues, mais supposées et naturelles des peuplades les plus reculées ou primitives, en passant par les utopies morales, jusqu'aux mœurs aussi inconnues et aussi naturelles et présupposées d'un avenir encore éloigné.

Si quelque tableau s'accuse, ce n'est toujours qu'une saillie forcément ressortie et mise en lumière par le repoussoir du fond ; ainsi dans une foule un visage vous impressionne, le reste est foule ; ainsi, dans l'histoire, un fait reste gravé, le reste est ondes ou sables mouvants.

Je le répète, il y a tout là dedans. Cela a le débraillé apparent de l'infini. C'est puissant, tendre et charmant. C'est du feu et du rêve. Il y a beaucoup de vigueur et beaucoup de bonté ; des velléités de franc-rire et de l'amertume ; du despotisme et du cœur, l'un n'excluant pas l'autre ; des tableaux d'une critique parfaite et d'autres d'une fraîcheur et d'une idéalité exquises ; et des espérances !... des espérances !... C'est un appel suprême à l'amour ni bégueulle ni impudique, à l'amour pur ! Qu'en dire encore ?

Il ne faut que ces quelques pages pour que le monde qui s'appelle la République des lettres s'enquiert de leur auteur, tant pis pour leur modestie, et il ne faut à l'auteur que quelques autres pages semblables à celles-ci : *l'Homme*, par exemple, pour avoir à lui tout seul tout dit ou dit le canevas de tout. Mais qu'il n'oublie pas que par ce qu'il livre aujourd'hui il nous aura rendus très-exigeants et peut-être injustes ; impitoyables, c'est le cas où se mettent tous ceux qui ont le mérite de nous surprendre et le tort de nous étonner. J'y songe ! Pour écrire *l'Homme*, l'auteur, sans doute, n'aurait-il qu'à simplement se raconter. Mais c'est de la femme maintenant qu'il s'agit ; que je ne retarde plus le plaisir : lisez.

Emmanuel DELORME.

LA FEMME, LA PATRIE

MAI ****.

Voici mai déjà.

Qui est-ce qui nous tourne donc sur la vieille boule du monde que la saison nous tient toujours ses rigueurs?

Oh ! les frimas ! les frimas !...

Ma tête ne pense-t-elle plus?

Quel sac de cendres me couvre?

Quels voiles de brouillards m'oppressent?

Encore les glaces ! les glaces encore !...

Mon cœur a-t-il cessé de battre?

Dans quel milieu vivrais-je donc?

Quelle atmosphère m'environne?

Est-elle un air respirable?

Est-ce un vent, une brise, un souffle, un soupir?... ou une idée sur mon front?

Est-il des chants dans mon oreille?

Est-il des cris?

Un sentiment anime-t-il mon être ou nul sentiment ne me pénètre-t-il plus ?

Suis-je donc d'un monde fantastique ou fantasque, morbide ou endormi, d'un monde, vrai rêve de brumes, comme on n'en voit qu'en Décembre ?... Et nous sommes en Mai !... d'un monde de carton ou de plâtre, fardé ou maquillé, *insensé*, de poupées et de pantins, de bébés et de pousshas, de petits soldats de plomb, de petits prêtres de sucre et de petites vierges qui se sucent ; d'un monde de jouets d'enfants ; d'un monde d'arbre de Noël, si l'on en veut la généalogie, dont on a pris le tronc et la racine, toute la force, pour faire la bûche ; d'un monde d'une florescence artificielle et dont aussi le brouillard, l'épais brouillard, le froid brouillard, le brouillard de décembre toujours ! nous voile les ficelles, les coutures, les parrains, les marraines, pour ne nous laisser voir que la comédie et le clinquant !... Et nous sommes en Mai ! Ne devrait-il pas faire grand jour et grand soleil ?... Non, c'est encore les marionnettes, les ombres chinoises et la fantasmagorie, la revue nocturne, ou la messe de minuit dans la vallée de Chamounix ; un monde, qu'un seul rais de lumière va rendre diffus et obscur par opposition ou qu'une seule note d'un chant du réveil va réduire au silence momifique ou poussiéreux de la tombe et qu'un seul être viril et vivant va faire comme s'évanouir ou s'envoler, va faire délaisser, oublier !

Ah ! vienne donc un homme.

Non, il n'y a pas d'homme dans les contes, il n'y a que des Prince Charmant ou des Prince Lutin, des Barbe-Bleue ou des Petit Poucet.

Eh bien ! qu'arrive le magique coup de baguette pour faire cesser le pesant envoûtement.

Quelle sera la fée ?

Les oiseaux n'ont-ils plus d'amours ?

Plus de nids : plus de petits ?

Plus de piailleries douces et tendres ?

Plus de chansons ?

Plus d'ailes ?

Plus de désir de l'espace et de la feuillée ?

N'ont-ils plus ni activité ni repos ?

Ceux qui étaient libres et chantaient, sont-ils tous morts ou muets ?

Et le moindre insecte n'a-t-il plus son bourdonnement ?

Et les feuilles elles-mêmes n'ont-elles plus leurs mille et mille bruissements indéfinissables, ineffables ?...

La forêt n'a-t-elle plus les redites attendrissantes de ses concerts que répètent encore, aux horizons, les échos ?

Et les fleurs ?...

Les fleurs n'aiment-elles plus ?...

Ont-elles perdu l'éclat, la grâce et le parfum ?...

Qu'on me réponde, je supplie !

C'est à rendre fou !

Y aurait-il pour quelque atome de la nature que ce fût ce droit de rendre fou un autre atome ?

La voix de la femme aimée se fait-elle entendre encore quelque part et quelques fois ?

Suis-je dans l'éther ?

Suis-je dans l'Éden ?

Suis-je dans le vide ?

Mais la femme ?...

La femme n'a-t-elle plus d'âme, ou l'homme plus de cœur pour l'aimer ?

Oh si !

Le gai soleil transperce les nuées.

Riù ! Più ! Più ! Più !

L'espace s'élargit.

Le ciel se balaie et la terre se nettoie.

Plus de brumes, ni de boue !

Tout est neuf, tout est jeune, tout est franc, tout est gai, tout est beau, tout est bon !

Mai se pare :

Là, sa robe de verdure, et là, son plein tablier de roses !

Son front est comme auréolé et tout radieux de lumière, et son teint frais et incarnadin.

De la vie, c'est l'aurore !

On sent monter et affluer la sève aux pousses ; et comme germer en soi toute la nature.

Enfin, des bonheurs ! en l'air, on entend babiller les amours ; on entend battre le cœur et l'espérance de l'avenir dans les nids des oiselles ; et, d'un matérialisme universel, sur les bords des nids, avec la chanson de la becquée, on entend bavarder les tendresses.

Voilà ! Voici la fée ! Voici la femme !

Merveille et bonté.

Ce présent m'assure de l'avenir.

———

Autrefois me revient.

Ah ! ils avaient décidé, ces vieux saints assemblés en leurs conciles, que la femme n'avait pas d'âme ; que cet être leur était inférieur !

Qu'il était déchu !

Eux, prononçaient sa déchéance !

Que leurs mères étaient des êtres immondes !

Leurs sœurs, des êtres impurs !

Malgré l'indignation, c'est là que forcément le rire éclate !

Qui manque aux oracles ?

Un Homère ou un Dante ?...

Ou un Rabelais ?

Toujours, toujours le rire est noyé dans les larmes !...

Et du fleuve amer, comme du Styx, on voit sortir, à droite, les bandes noires des réprouvés, et à gauche, les blanches théories des victimes, défilant, défilant, faces blêmes et membres encore ensanglantés, vers la terre promise des champs élyséens.

Mais ils étaient donc bien vraiment infaillibles, ces vieux pères de l'Église, de l'Église et non de la famille, puisque la femme, par eux déclarée déchue, a été asservie ?

Ah ! malheur !

Et leurs fillles?

Quelles filles ?

Leurs filles, à eux, purs esprits?

Oui.

Qu'étaient-elles ?

Oh ! seulement bonnes à enterrer, suspendues aux mamelles des mères, toutes vivantes, dans les doubles fonds des cathédrales !... Et les orgues chantaient aux beaux jours des grandes cérémonies ! c'étaient des élévations ! les litanies se taisaient !... Quinze cents ans, pas une voix ne jeta à la face des officiants *splendides*, un seul nom : Ratelik !

Ah ! elles n'avaient pas d'âme !

Eh ! que n'aviez-vous donc pas, vous ?...

Non. Silence. Ne répondez pas.

Laissez en paix vos reliques.

Ne remuez pas la poussière de vos os.

Non. Ce n'est pas encore la trompette du jugement dernier qui sonne.

D'ailleurs, les anges qui emboucheront cette trompette sont-ils nés? La vallée de Josaphat est bien trop étroite pour vous contenir tous ; c'est un autre champ clos qu'il faudra prendre ; à peine instruit-on le procès. Cécile Combette n'était qu'un avertissement ; que sont les siècles dans l'éternité? Et vous? Oh! nous sommes patients!

Restez morts; attendez.

Ah! elles n'avaient pas d'âme!

Elles? oui, elles!

Les belles et les petites!

Les fortes et les vieilles!

Les fleurs et les fruits?

Les aimantes et les innocentes!

Toutes! condamnées! par avance! sans jugement, qu'une décision! et sans appel!

Elle! la femme!

Elle, la tige essentielle, le rameau primordial et fleuri, l'ovaire originel!

Elle, la sainte et sublime trinité de la régénération!

Elle, la vierge, l'épouse, la mère!

Elle, qui les avait réchauffés, eux, dans son sein plein d'amour et qui leur avait donné à mordre ses belles mamelles!

Mais la petite vipère ne mange du ventre de sa mère que juste ce qu'il lui faut pour s'ouvrir la porte de la liberté!

Oh! l'ire nous monte!

Moines rouges!

Aveugles et ingrats!

Vous, aveugles?

Non. Vous n'avez même pas cette excuse.

Ah! elles n'avaient pas d'âme!

Quoi que fasse le dégoût, on n'oublie pas à volonté.

Mais Marie?...

Mais Magdeleine?...

Mais Monique?

Sont-elles des concessions!

Mais Solange? Jeanne? Geneviève?...

Sont-elles des exceptions?

Et la règle, est-ce vous!

Hélas! La règle qui frappe!

La femme, un être inférieur?

Oui, chez les sauvages, elle est bête de somme.

Étiez-vous sauvages?

Oui, en Orient, c'est un meuble : elle fait corps avec le divan.

Mais, que vous importait, à vous, les chastes, qu'elle fût cela!

Un habit emprunté aux prêtres d'Orient, serviteurs de tous les veaux d'or, donnerait-il des idées orientales?

La magie aurait raison?

Non. Nous étions en Europe.

Eh! que vouliez-vous qu'elle y fût?

Instrument de servitude ou de régénération?

Un instrument : en étiez-vous les artisans?

Oui, hélas! de l'instrument de servitude.

Vous en vouliez, on le dirait, à la Gauloise d'avoir donné la loi à Rome, et, depuis quinze cents ans, ayant commencé par l'asservir elle-même, vous lui avez donné le mot d'ordre, et quinze cents ans, dévote, c'est-à-dire soumise, c'est-à-dire effrayée, elle vous a livré pieds et poings liés l'homme : son fils, quand il venait au monde; son époux, quand il mourait; son époux, sa chair; son enfant, son lait et son sang! et dans toutes les circonstances de la vie où l'homme rappelait à lui la femme, vous, furtifs, vous entriez dans la maison derrière elle!

Oui, tentée et perdue par le serpent, dites-vous, par le malin esprit, dites-vous encore, par le démon, par l'enfer noir, vous l'avez eue enfin ce que vous l'avez voulue.

Votre esclave! N'est-ce pas?

Vous laissant maîtres absolus du gynécée, vous livrant avec détours mais sûrement, dévotieusement, sans cesse et toujours, comme fatalement, tous les siens : son époux, son cœur, son intime; son enfant, son âme, sa liberté; à vous les infaillibles!... oh! oui, infaillibles! complices et bénisseurs de l'étranger et de la tyrannie.

Oui, vos sandales à la porte d'Orgon et la main sur le cœur d'Elmire.

« Laurent, serrez ma haire avec ma discipline. »

Vous l'avez voulue agitant avec joie son mouchoir devant l'invasion de la patrie et ouvrant son sein à la greffe du Kalmouck !

Oui, oui, par vous, chez nous, cette femme que vous mettiez au rang de l'animal et dont vous avez fait une « fille soumise » a mis bas des serfs !

Depuis, vous l'avez laissée vivre !

Vous ne l'avez pas tuée, cette pauvre puce !

L'auriez-vous donc tuée avec trop de colère ?

Louez Dieu !

A vous toute la maison... à vous sans partage, de la cave au grenier, en passant par l'alcôve : vin, femme et blé. — Le tout pour la plus grande gloire de celui que vous dites notre maître et notre père et que nous ne connaissons pas comme vous le faites !

C'est aussi, dites-vous, pour la gloire de votre pays !

Votre pays ?...

Arrière !

La femme est faite.

Patrie !

Car nous n'y sommes plus à ces temps nébuleux ; nous en sommes sortis, de ces siècles qui échafaudaient leurs prétendus miracles sur des tréteaux, depuis par le temps vermoulus ; nous en sommes sortis, l'esprit lucide et le cœur libre, comme d'un temple païen, pour rentrer dans la nature, en secouant la poussière de nos pieds.

Nous marchons...

N'est-ce pas, Histoire ?

On dit : c'est la Philosophie ; c'est la Science ; c'est le Progrès !

Nous disons : Merci, femmes !

Riù !.,. Più ?... Più !... Più !

Mère, voici la bande noire des oiseaux de proie qui passe ; alerte ! défends ton nid et sauve tes petits ; aime tes amours ; conquiers l'avenir ! tiens ferme ! sois forte ! sois grande ! à présent qu'après être née tu es sortie des langes : sois libre !

I

Non, ce n'est pas encore ici l'alcôve ; pas non plus le lit de parade, effronté, indécent, la couche nuptiale, attendant la blanche et rouge jeune mariée ; non.

Ni mollesse, ni volupté, aucun raffinement, presque rien de la civilisation, tout est candeur, simplicité, sauvagerie presque, confiance et fermeté.

C'est ici le grabat virginal.

Plat comme une Sologne ; matelas de mousse et draps de lin, et rosé comme les bruyères aux sourires de l'aurore levante.

C'est le sanctuaire impénétré où se trament ces kyrielles de rêves dorés, enchevêtrées à d'autres kyrielles de chimères roses passant et repassant, toujours jeunes, toujours riantes, symphoniques et légères, dans un infini vaporeux, mais pur, tout lumière, mais bleu.

C'est comme le palais de nacre où, limpide cristal, se durcit la perle.

Ce n'est point encore la tendresse.

Point de transports.

Mais, étourdis, enfantins, naïfs, des élans vers la tendresse.

C'est un des premiers versets de la vie.

C'est la première page de l'amour.

Page blanche ! ou rose ! avec un reflet d'or !

Ce n'est point encore la perle resplendissante au front de la beauté !

C'est la perle encore inconnue que viendra bientôt découvrir le plongeur.

C'est l'étoile matinale qui scintille à l'horizon de l'océan du songe.

Tu dors, enfant.

Ta tête dorée sous ton bras d'ivoire.

Telle la colombe !

Et les folles bouclettes de tes cheveux qu'agite la brise font errer sur ton visage des ombres légères, images de tes fantaisies.

La tête à demi cachée, comme l'oiseau sous son aile, croyant qu'on ne le voit pas, la poitrine à demi nue, paisiblement tu respires, le corps tout abandonné.

Réserve, abandon, ingénuité !

Trinité vierge !

Liberté !

L'avenir aux ailes roses et dorées comme ta tête te montre le chemin.

Oiseau bleu de l'espérance, bonheur futur, toi-même tu planes dans l'éther, mais tu ne fais que planer encore, et si tu t'agites, oh ! tu ne fais que voleter au milieu des fleurs et des oiseaux, tes sœurs.

Respire ! ton souffle est hymne et parfum !

Il te chante et te raconte tout entière.

Il te décèle et te révèle comme la fleur modeste.

Ton front s'embellit.

Il s'éclaire d'une lueur.

Une idée y germe et y croît.

Il y naît la vie active.

Seul encore, ton corps n'obéit pas.

Il est ton front, la table de la loi où s'inscrit ta conduite en lettres d'or.

Et plus tard les lettres d'or deviendront de feu.

Tu as compris qu'il s'agit pour toi d'une mission à remplir et d'une trace à laisser.

Et, calme, tu ne recules pas, bel ange.

Il est radieux, ton front.

Fier et candide.

Et plus auréolé de gloire que la face plastique de l'illuminé, car ta figure est vivante.

Ainsi que la rose s'entr'ouvre au baiser du matin, on voit ta bouche sourire à une aurore nouvelle.

Et tu parais vouloir saisir et t'approprier un objet, un être plutôt; car tout a vie dans le rêve, une belle et sainte image jusqu'alors à tes sens inconnue.

Et ta gorge est non pas troublée, mais émue.

Un cri, est-ce un cri? Une émission syllabique du bonheur s'échappe de tes lèvres!

Ce corail était chair.

Cette chair, c'est la vie.

Et ta mère était venue.

Elle est là.

C'est elle qui scelle sur ton beau front, respectant tes lèvres, un baiser, qui, transformé en émoi, descend dans ton cœur.

Tes lèvres refermées, mais toujours vivantes, murmurent doucement son nom.....

Tes paupières aussi doucement se soulèvent.....

Tes prunelles encore pleines d'ombre, éblouies, sourient ineffablement au jour.

Et ta mère te salue : jeune fille!

Oui!..... tu as besoin d'embrasser!

Et tes bras te suspendent au cou de ta mère.

Fleur encore attachée au rameau!

A son cou encore, ainsi que toute petite, tu étais suspendue à son sein.

Encore! jusqu'à ce que, fleur, tu te détaches pour t'envoler svelte et gracieuse comme une libellule des eaux!

Mais aussi, ainsi que la demoiselle, pour revenir baiser la tige quittée, encore souventes fois.

Vierge, tu tressailles dans les bras de ta mère.

Est-il plus doux réveil ?

Et cependant, oh ! cependant, tu songes !

Tu sembles inquiète.

Ta tête relevée, tes yeux regardent, chercheurs, tout autour de toi.

Vous êtes bien seules.

Mais que cherches-tu donc ?

Ton rêve.

Ce n'était donc pas ta mère, enfant ?

Tu rougis !.....

Jamais on ne t'avait encore vue rougir.

Tu rougis jusqu'aux yeux.

Tu rougis jusqu'au front.

Quelle chaleur te monte ?

Puis, la pâleur survient.

Tout d'un coup tes mains sont glacées.

Dans le rais de lumière qui presque seul te revêt, belle enfant demi-nue, tu regardes se mouvoir un être, esprit qui se transfigure en corps.

———

— Mère, le voilà !

— Qui donc ?

— Je ne sais... mais c'est lui... l'être de mon rêve... le voilà... il s'approche. Le voici.

— C'est un bel étranger, c'est le voyageur blanc pour qui les brunes filles couronnent un coteau de leur danse, et qui s'en va comme ceux qui de leurs bâtons blancs tracent des cercles sur le sable ! Mais c'est son arrivée, mère !

— Parle, enfant.

— Mère, je suis tremblante autant que si j'avais peur ;

mais aussi, vous ne sauriez croire combien je suis ravie ?

— Que voulez-vous à mon enfant ?

— Non ; qu'il ne réponde pas. Tais-toi aussi, mère. Je n'ai plus peur. Je ne suis plus tant surprise. Je ne suis plus tant ravie. J'ai fait réflexion. Je vais lui parler moi-même. Approchez.... Approchez.

Vous me tendez votre main !

Que je vous donne la mienne ?

Pas encore !

Écoutez : si vous êtes bien celui de mon rêve, en vous disant comment je l'ai entrevu, vous vous reconnaîtrez ; c'est ainsi que je le veux.

Fier, brave et digne.

Libre, indomptable, indompté.

Sauvage, héros ou tribun, et travailleur.

Lion, tempête et bonté.

Homme, enfin.

Beau surtout de la beauté intérieure.

Que je sois fière, moi aussi ; que, moi aussi, par plaisir, je me dévoue ; et que, moi aussi, je l'aime !

Je le veux, donnant à tous, autour de lui, sa force et son intelligence, son travail et sa pensée, et plaçant sur la même ligne, l'amour de sa femme et l'amour de la liberté !..... N'est-ce pas, mère ?

— C'est bien la tradition que je t'ai enseignée, chère enfant !

— A présent, répondez.

— Je suis ton époux.

— Et moi, ta femme.

— Nos cœurs se confondent : c'est le ciel fait de l'air respirable et du feu qui fait la lumière.

— A présent, ta main ? Bien.

Nos consciences sont nos prêtres, nos témoins et notre bénédiction.

Au nom de l'amour et de la liberté, dès à présent, nous sommes unis.

II

Pourquoi tant de fleurs dans la maison ?
Est-ce la fête de l'époux ?
Oh! non pas de l'époux charnel !
Mais de l'époux céleste !
C'est le Mois de Marie.

Où s'en va donc cette femme qui pleure ?
A l'église !
Pleurer ?
Non. Prier!... pour son fils qui est soldat.
Pauvre femme !

Où s'en va donc cette femme, si matin ?
C'est une femme honnête.
Elle s'en va dans les champs !
Il fait frais encore ; elle est bien empaquetée et elle a
sous son bras, son livre.
C'est les Rogations.

Madame est encore couchée.
On insiste : on a tant à faire qu'on ne pourrait
revenir.
Madame se lève et ne passe qu'un peignoir.
C'est M. le curé qui vient lui demander son offrande.

Monsieur attend Madame à la salle à manger.
Madame ne déjeunera pas avec Monsieur aujourd'hui.

Est-elle malade?
Oh non!
C'est jeûne!

———

Monsieur voudrait faire choisir une parure à Madame pour ce jour.
Madame est sortie.
Quand elle rentrera, qu'on la prévienne.
Madame ne rentrera pas.
C'est fête!

———

Il est tard.
Monsieur fait demander Madame.
Madame reçoit quelqu'un.
Monsieur va au petit salon.
On lui refuse l'entrée.
Madame est avec son directeur!

———

Monsieur donne un baiser à Madame.
Madame détourne la joue.
Pourquoi?
Madame demain communie.

———

Ah! assez!
Voici l'alcôve!
Voici le couple!
Voici la femme!
Et la Patrie!
— Je suis ta femme! Ta femme charnelle et mondaine et ton épouse idéale aussi! Je suis de moitié dans ta vie : larmes et sourires; joie et douleur; fortune et misère.
Nous nous sommes tout donné, nous ne faisons plus qu'un.

Aux chants dont ma mère m'a bercée, je bercerai mes enfants.

Comme ma mère a aimé mon père mort pour sa patrie et loin de son pays, je t'aimerai.

Tes amis sont mes amis;

Tes ennemis, mes ennemis;

Tes idées, mes idées;

Ta patrie, ma patrie;

Ton drapeau, mon drapeau.

Ami, va!

Va, certainement!

Va, je te suis!

Va, jamais ne recule!

Sers et défends de ta parole et de ton bras tout ce qui souffre, et combats à outrance, sans répit ni trève, tout ce qui est tyrannie et oppression.

Je suis ta femme! Femme, comme toi homme et citoyen!

Femme : au sein du bonheur tranquille; et dans la lutte : citoyenne!

Nous faisons de notre maison commune, pour ainsi dire une patrie.

Et nous l'ouvrons toute grande à l'ami; et nous la défendons aux pieds de l'étranger.

Va! que l'humanité soit ta grande épouse! — Moi, je serai la petite pour la servir avec toi.

Sois fier!

La fierté, c'est la vraie force et c'est la liberté.

La liberté pour soi, la liberté pour tous.

La liberté égale.

Méprise les lâches;

Méprise les couards;

Méprise les êtres sans conviction et plus fortement encore ceux qui, en ayant une, en font marché.

Ne méprises-tu pas le Juif qui vend son enfant?

Aime les vrais hommes!

N'honore que ceux qui s'honorent eux-mêmes, et méprise les fats qui n'ambitionnent que la livrée enrubanée de l'opinion.

Oh! méprise sans pitié!

Stygmatise hautement, par la voix, par le geste, par la plume, par tes travaux multiples enfin, tout ce qui flatte, rampe, ruse, intrigue, ment ou trahit.

Va! je t'aiderai.

Je mépriserai avec toi haut et ferme.

Et toutes mes compagnes, toutes celles qui me seront restées fidèles, haut et ferme, comme moi.

Nous mépriserons, sans chagrin, mais sans joie, avec conscience de notre mission régénératrice sacrée :

Filles, tout ce qui nous flattera;

Femmes, tout ce qui nous tentera;

Fiancées, tout ce qui nous leurrera;

Épouses, tout ce qui ne respectera pas la liberté individuelle du plus fort ou du plus faible des êtres, comme tu respectes la mienne;

Mères, nous mépriserons et nous combattrons tout ce qui voudrait nous dompter et dominer sur les nôtres;

Filles, nous sommes les pures;

Femmes, nous sommes les chastes;

Amantes, nous sommes les bonnes;

Épouses, nous sommes les saintes;

Mères, nous sommes seules les prêtres de nos enfants, et pour les défendre, nous sommes aussi soldats; nous sommes les lionnes!

Mais écoute :

Homme, qui marche avec nous!

Homme, qui nous soutient!

Si jamais tu désertais la carrière où nous entrons ensemble et où nous ont précédés nos aînés qui y ont, pour nous, combattu...

Souviens-toi que je te fermerais mon cœur et mes bras sans retour!...

Moi-même, je te mépriserais toi-même !

Et je nourrirais et j'élèverais ton enfant dans ce sentiment là ?

Ton enfant ?

Ce ne serait pas ton enfant, d'ailleurs !

Oh ! je serais impitoyable !

Oui, pour un pas, pour un seul, en dehors de la voie
tracée.

Et ce serait ton enfer !

Mais pas de nuage.

Voici mon front !

La main ?

Et marchons !

———

III

Le printemps revient toujours et pour tout le monde.
La femme dit à l'homme :

— Nous marchons l'un et l'autre vers le même but à
présent.

Mais… que se passe-t-il de nouveau en moi ?

Il me semble ressentir circuler dans toutes les plantes,
jusqu'aux bouts de leurs petites branches, la sève ardente, enivrante, fortifiante, vivifiante et fécondante du
printemps.

Mon sein a tressailli !

Le soleil devient plus chaud et communique la chaleur
à mon sang.

Mais une voix intérieure, une petite voix bien forte et
bien tendre m'a parlé.

Elle m'a dit, elle nous a dit : Vous ne serez plus tous

les deux seuls à marcher dans la vie; me voici, moi, bientôt!

O bonheur!

Ami! ami!... Je suis mère!

———

La petite maison étale au soleil son toit de tuiles rouges.

Une treille, jeune et vigoureuse, ombrage la porte et les fenêtres.

La jeune femme, assise sur une chaise au seuil de cette maison, débarrasse son enfant de ses langes.

Elle n'a, pour se voiler la poitrine, qu'un ample foulard sur les épaules, autour du cou.

Ses cheveux, renvoyés de chaque côté de son front et rattachés négligemment par derrière sur son cou, cette femme, la tête et la poitrine penchées sur son trésor, regarde, attentive.

Ses beaux yeux, pleins de tendresse, sont fendus long du doigt.

La vie qui affleure la peau colore la joue d'un incarnat si beau, si pur, si fin, que le rayon doré qui passe au travers du réseau de feuilles de la treille, comme au travers d'un tulle brodé, semble être la sphère auréolée de cette femme; cet or semble se dégager de ce carmin.

L'enfant est le fruit qui pend à la mère.

L'homme, debout dans le frais enfoncement d'ombre, se détache, et, calme, regarde.

Derrière l'homme, et plus dans l'ombre encore que lui, apparaît, curieuse et souriante, la tête de la vieille mère.

C'est une eau forte chaudement teintée, et avec des lignes d'une pureté exquise.

———

— Te voilà! chère enfant de ma chair et de mon cœur!

Comme tu es jolie !

Ami, c'est une fille : ce sera une femme !

A qui ressembles-tu, petite mignonne chérie?

Oh ! pas à moi ; tu n'as pas souffert.

Pas à ton père ; tu ne t'es pas dévouée.

Ta petite bouche qui s'amuse à mon doigt me dit que tu aimeras.

Oui, tes lèvres, mignonne, sont faites pour le rire et sont faites pour le baiser.

Derrière ce grand regard de tes jolis yeux, je vois bien naître déjà quelques petites réflexions.

Et vos pieds qui s'agitent me disent, — vous ne savez pas vous en cacher, — que vous aurez une volonté, mademoiselle !

Serez-vous bien sauvage ?

Ardente ou douce, tu seras bien aimante, je le sens.

Votre petit nez frisé m'en dit long !

Laisse un peu au repos ces petits bras, ces petites mains et ces petits doigts, tout criblés de petites fossettes roses.

Que je te regarde !

Tu as bien dans le passé une ressemblance?

Un type auquel tu te rattaches ?

Notre visage comme notre idée se transmet par la tradition du sang.

Tu es, vrai ! tout le portrait de ma mère.

Mère ?.....

Mère, regarde donc.

Mère, comme te voilà petite !

Elle rit, la coquine, on dirait qu'elle a compris.

Certainement que vous avez compris !

N'est-ce pas que vous avez dit, vous, que vous étiez, bien sûr, le portrait de grand'maman ?

Ah ! puisses-tu posséder en germe aussi toute la richesse de son cœur !

Oui !

Oui, je vois bien que vous voulez m'embrasser, vous !

Oh ! mais vous ne savez pas encore !

Vous me barbouillez toute la joue.

C'est égal, tu es bien jolie !

Tu as dù avoir toutes les bonnes fées pour marraines.

Les fées de ton baptême sont notre tendresse et notre prévoyance pour toi.

Sur ta tête blonde elles répandent l'eau lustrale de leurs vœux et de leurs espérances.

Et tu satisferas tous les vœux !

Toutes nos tendresses !

Et tu dépasseras toutes les espérances !

Toutes nos prévoyances !

Je t'ondoie, chère enfant, de mon sang et de mon lait.

Au nom des trois sœurs immortelles !

La plus sainte, la plus naturelle, la plus féconde des trinités.

Que tu sois libre autant que ton frère !

Que ton amant, plus tard, petite chatte !

Que ton époux ensuite, chérie !

Autant que ton père, enfant !

Je te baptise Gauloise, c'est-à-dire libre, non romaine, c'est-à-dire propriété, ni juive, c'est-à-dire marchandise, entends-tu ?

Je te le rappellerai quand tu pourras me comprendre.

Toute ma vie passera goutte à goutte dans la tienne.

Je veux te donner tout ce qui est en moi.

Je veux que la transfusion soit complète et qu'avec ce que je te léguerai de bon, petit trésor, tu deviennes plus belle et meilleure encore.

Grâce et bonté qui séduisent et attachent; sourire doux et fier qui récompense ou méprise ; regard caressant ou vengeur ; je veux que tu aies tout cela.

Tu seras la femme aux sept douleurs, mais aussi aux sept joies.

La femme douce et bonne, mais aussi forte et virile.

La providence du foyer, son sourire, sa consolation.

La douce parole qui excite aux grandes aspirations.

La voix de laquelle on grandit.

L'exemple qui encourage aux luttes suprêmes.

L'abnégation qui ferme les yeux au danger.

La sanction de l'entreprise.

L'accomplissement de la mission.

Patrie !

Tu seras le symbole courageux de la patrie.

La femme indiquée par les rêveries mystiques de l'apocalypse.

Tu seras Jeanne d'Arc pour délivrer la patrie.

Dans l'avenir pour lequel tu nais, toutes les femmes, le cœur de la patrie, en seront l'avant-garde sainte, bénie, sacrée, suivie, défendue, toutes seront des Jeanne, à Beauvais comme à Orléans !

A Falaise, elles seront l'héroïque fiancée de Lachenaye !

A Leucate, elles seront la courageuse Constance de Cezelli !

Toutes, contenant en elles l'avenir du monde, en seront l'énergie ; toutes, sanctuaires et citadelles, seront les autels et déploieront leur drapeau !

Le drapeau noir, le drapeau de deuil !

Le drapeau rouge, le drapeau de feu !

Ou le drapeau d'or !

Qu'en importe la couleur !

Pourvu que ses plis frémissants crient à tous : Liberté !

Et qu'importe aussi que ce cri d'appel au monde sorte d'une poitrine d'homme ou d'un cœur de femme !

Sanctuaires d'amour !

Autels d'amour !

Drapeau dont la devise est : Amour !

Tu regarderas face à face le ciel et tu diras : Tous les

trésors de félicités sont dans mon cœur ; la miséricorde infinie est pour l'être, homme ou enfant, que je presse dans mes bras; l'immortalité est dans mon sein.

Tu écouteras un jour, vieille, virile encore, et recueillie, toute la terre t'appeler mère ! Comme Cybèle !

Cybèle ? Rêve grandiose du passé ! Ton temps est futur encore !

Terre ! Cérès ! Moisson ! nourris tes nourrissons !

Tu marcheras assurée au bras de ton époux, ne souffrant plus entre vous deux aucun autre bras ; vous serez le couple vraiment unifié, restant vos seuls et mutuels confesseurs !

Affection et confiance absolue et réciproque.

Autrement : trouble et misère ; mensonge et servitude.

Tu auras deux armes puissantes infaillibles : l'union et le mépris.

Mais tu ne comprends pas cela, petite.

Voilà que je te crois déjà grande !

Tu le ressentiras !

Oui, à toi toute seule, tu as une part du sort du monde dans ta petite main, chère enfant.

Pour que, jamais tu ne l'oublies, je te bercerai du refrain qui m'a bercée.

Les premiers mots que tu bégaieras seront les mots de ce refrain.

Écoute ! ma mère le chante encore dans la maison :

> « Telle femme,
> « Telle femme !
> « Tel enfant,
> « Tel homme, bon ou méchant !
> « Nation vierge ou flétrie :
> « La femme, c'est la patrie ! »

Tu aimes la musique ?

Que me dis-tu encore ?

Vous avez donc des volontés?

Tes petits doigts s'accrochent à mon fichu!

Quoi? tu voudrais le déchirer?

Tu n'en viendrais pas à bout.

Nous allons l'ôter, petite têtue!

Tes lèvres, chère mignonne, cherchent avidement mon sein.

C'est ta réponse et ta réplique.

Enfin, tu as raison!

Tu aimes mieux boire la vie que l'entendre raconter.

Petite matérialiste!

Ce que je viens de dire est dans mon lait et va passer dans ton sang.

Je sens tout moi te remplir la bouche et la pensée!

Et je vois mon lait se faire ta chair!

C'est lui qui fait vivre tes lèvres et c'est lui qui éveille l'idée dans tes yeux.

C'est lui qui donne encore à tes petites mains sur ma gorge leurs caresses douces, et à tes doigts leurs mouvements impatients ou bienheureux.

N'est-ce pas beau de voir ce lait si blanc devenir rose dans ces petits membres; on voit presque le jour à travers!

C'est mon lait qui s'effile en cheveux!

Lui, qui fait battre ton cœur!

Lui, qui vous rend gourmande!

Et lui encore qui règle les signes télégraphiques de tes pieds.

Ah! deviens grande bien vite!

En te voyant, pour t'appartenir, l'homme voudra devenir digne de toi!

Il n'y a plus de fierté parce qu'il n'y a plus d'amour.

Il n'y a plus d'amour parce que, dans l'union, il n'y a qu'un mensonge de liberté!

Telle femme,
Telle femme !...

La femme, c'est la patrie !
Elle dort ! ! !

———

MAI****.

Patrie ! Patrie !
Voici ton sourire qui luit dans le sourire de cette en-
fant.
Ton cri qui s'échappe de ses vagissements.
Ton avenir qui commence avec ses premiers pas.
Oh ! comme le temps marche !
Et comme cette enfant grandit !
Qu'elle est belle !
Patrie ! Patrie !
On le crie dans les rues et sur les toits.
Dans les palais et sous les chaumes.
Dans les hôtels et sous les combles !
Patrie ! Patrie !
Voici la fée !
Voici la femme !
Celle qui était princesse et celle qui était paysanne.
Il n'y a plus ni princesses ni paysannes.
Il n'y a plus que des femmes égales.
Celle qui était étrangère et celle qui était grisette.
Il n'y a plus d'étrangères.
Les voici toutes ! toutes.
La riche et la pauvre.
La désœuvrée et la travailleuse.
La recluse et la prostituée.
Ce sont toutes des femmes !

Elles appellent des hommes.

Des hommes libres !

Plutôt nus qu'en livrées.

Ce sont des femmes viriles.

Chacune d'elles n'en veut qu'un.

Qu'un seul homme à chaque femme, pour amant, pour époux, pour confesseur, pour directeur, pour maître et pour serviteur.

Elle, sera la servante, la maîtresse, l'associée, la confidente, l'épouse et l'amante à la fois.

Chacune sera la mère enfin.

Patrie ! Patrie !

Voici la nouvelle Jérusalem promise !

La grande famille fraternelle !

La société communiste !

La patrie universelle est née !

ARMAND B.

Paris. — Imp. Emile Voitelain et Ce, rue J.-J.-Rousseau, 61